I0414919

www.ingramcontent.com/pod-product-compliance
Lightning Source LLC
Chambersburg PA
CBHW072056280526
45788CB00006B/2301
9781090526519